BEI GRIN MACHT SICH WISSEN BEZAHLT

- Wir veröffentlichen Ihre Hausarbeit, Bachelor- und Masterarbeit

- Ihr eigenes eBook und Buch - weltweit in allen wichtigen Shops

- Verdienen Sie an jedem Verkauf

Jetzt bei www.GRIN.com hochladen und kostenlos publizieren

Bibliografische Information der Deutschen Nationalbibliothek:

Die Deutsche Bibliothek verzeichnet diese Publikation in der Deutschen National-bibliografie; detaillierte bibliografische Daten sind im Internet über http://dnb.d-nb.de/ abrufbar.

Impressum:

Copyright © 2016 GRIN Verlag, Open Publishing GmbH
Druck und Bindung: Books on Demand GmbH, Norderstedt Germany
ISBN: 9783668449121

Dieses Buch bei GRIN:

http://www.grin.com/de/e-book/365652/die-didaktik-und-methodik-der-maria-montessori-paedagogik

Michaela Hausmann

Die Didaktik und Methodik der Maria Montessori-Pädagogik

GRIN Verlag

GRIN - Your knowledge has value

Der GRIN Verlag publiziert seit 1998 wissenschaftliche Arbeiten von Studenten, Hochschullehrern und anderen Akademikern als eBook und gedrucktes Buch. Die Verlagswebsite www.grin.com ist die ideale Plattform zur Veröffentlichung von Hausarbeiten, Abschlussarbeiten, wissenschaftlichen Aufsätzen, Dissertationen und Fachbüchern.

Besuchen Sie uns im Internet:

http://www.grin.com/

http://www.facebook.com/grincom

http://www.twitter.com/grin_com

■ Hausarbeit
zum Modul III/2 Didaktisch-methodische Ansätze

B.A. Bildung & Erziehung (dual)
Michaela Hausmann

Die Didaktik der Maria Montessori-Pädagogik

■ Wintersemester 2016/17

Inhaltsverzeichnis

1. Einleitung

Im Bereich frühpädagogischer Bildungsinstitutionen existiert in Deutschland gegenwärtig eine bunte Träger- und Konzeptionsvielfalt. Länderspezifische Bildungspläne beinhalten im Hinblick auf die bestmöglichen Bildungschancen in der Elementarpädagogik, allgemeingültige grundlegende Vorgaben bezüglich der Entwicklungs- und Bildungsziele. (vgl. MFKJKS, online) Die Bildungspläne der Bundesländer basieren gemeinschaftlich auf die im Kinder- und Jugendhilfegesetz Sozialgesetzbuch (SGB) VIII verankerten Grundsätzen und Vorgaben. „Tageseinrichtungen für Kinder (...) sollen die Entwicklung des Kindes zu einer eigenverantwortlichen und gemeinschaftsfähigen Persönlichkeit fördern, die Erziehung und Bildung in der Familie unterstützen und ergänzen." (§22 Abs.2 Nr. 1 und 2 SGB VIII) „Die Träger (...) sollen die Qualität der Förderung in ihren Einrichtungen durch geeignete Maßnahmen sicherstellen und weiterentwickeln." (§22a Abs.1 SGB VIII)

Um den gesetzlichen Vorgaben gerecht werden zu können, formulieren die Träger, verbunden mit den jeweiligen Konzeptionen, die methodisch-didaktischen Vorgehensweisen für die frühpädagogische Arbeit in den jeweiligen elementaren Bildungseinrichtungen. Die Eltern stehen somit vor der Wahl, entscheiden sie sich für die Betreuung ihres Kindes in einer Waldorfkindertagesstätte, in einem Reggio-Kindergarten, in einem Bewegungs- oder in einem Waldkindergarten oder einem Montessori-Kinderhaus?

Die vorliegende Hausarbeit untersucht die didaktischen Elemente nach Dagmar Kasüschke in der Montessori-Pädagogik und beschäftigt sich mit der Frage, mit welchen didaktisch-methodischen Vorgehensweisen die Pädagogik der Maria Montessori an der Förderung frühkindlicher Entwicklungsprozesse ansetzt. Zunächst wird der Begriff der Didaktik einführend definiert und beschrieben. Anschließend werden die zentralen Aspekte der Montessori-Didaktik bezüglich der Elemente nach Kasüschke dargestellt. Die Sicht auf das Kind, die vorbereitete Umgebung inklusive dem zugehörigen Montessorimaterial sowie der Umgang mit diesen Materialien, die Freiarbeit und die Gruppenzusammensetzung werden hinsichtlich der didaktischen Merkmale analysiert. Weiterführend wird die Rolle und die Aufgabe der Erzieher*in sowie das Beobachtungs- und Dokumentationsverfahren innerhalb der Montessoripädagogik bezüglich der didaktischen Inhalte untersucht. Abschließend erfolgt eine kritische Analyse und ein Fazit. Die Ausarbeitungen beziehen sich auf die Montessoripädagogik im Elementarbereich und wenden den Blick nicht auf den schulischen Sektor.

1

2. Der Begriff Didaktik

Der Begriff Didaktik stammt aus dem Griechischen und kann von dem Verb didaskein abgeleitet werden. Didaskein kann mit lehren, unterrichten aber auch mit lernen, unterrichtet übersetzt werden (vgl. Sander 1992, S.4). Die Didaktik umfasst die Prozesse des Lehrens und Lernens in ihren wechselseitigen Bezügen und wird als Theorie über das Verhältnis von Lehren und Lernen definiert. (vgl. Coriand 2015, S.14) „Lehren zielt darauf ab, dass der oder die Belehrte(n) etwas lernen (...)." (Terhart 2011, S.13) Lehren, als gezielte und bewusste Tätigkeit zählt zu den Kompetenzen von Lehrern in Bildungsinstitutionen und gehört somit zum Sektor der Pädagogik. Lernen findet im Gegensatz zu dem Lehren immer und alltäglich statt und kann als grundlegendes Merkmal des menschlichen Lebens bezeichnet werden (vgl. Terhart 2011, S.13-15). „Wir lernen ununterbrochen, aber wir lehren nicht ununterbrochen (...)." (Terhart 2011, S.15). Nicht jede Lehreinheit hat das Lernen des Belehrten zur Folge. (vgl. Terhart 2011, S.15) Coriand ergänzt, dass Lernen nicht zwingend durch Lehren begleitet oder ausgelöst wird. (vgl. Coriand 2015, S.13-14)

3. Die Didaktik und Methodik der Montessori-Pädagogik

Die Ärztin und Pädagogin Maria Montessori wurde 1870 in Italien geboren. Sie wurde durch die Arbeiten zur Erziehung geistig behinderter Kinder von den Ärzten Jean Marc Gaspard Itard und Eduard Seguin inspiriert, das von Seguin konzipierte Sinnesmaterial weiterzuentwickeln. 1907 gründetet sie ihr erstes Kinderhaus „Casa dei Bambini". Dort beobachtete sie erstmals das (Montessori-) Phänomen der „Polarisation der Aufmerksamkeit". Ein Mädchen beschäftigte sich intensiv, langfristig und ungestört mit einem Sinnesmaterial und zeigte nach Beendigung seiner Arbeit tiefe Zufriedenheit (vgl. Montessori 2006, S.17-18). Dieses Phänomen beeinflusste Montessoris pädagogische Sichtweise und ihre didaktisch-methodischen Ansätze. Diese werden in den anschließenden Kapiteln dargestellt.

3.1. Das Bild vom Kind

„Wir sehen klar, daß die Kindheit ein Stadium der Menschheit ist, das sich vollkommen von dem des Erwachsenenseins unterscheidet." (Montessori 2005, S.9)
Maria Montessori begreift das Kind nicht als kleinen Erwachsenen und sieht das Kind selbst als Konstrukteur seiner eigenen Persönlichkeit. Die kindliche Entwicklung verläuft nach einem inneren Bauplan und darf von den Erwachsenen nicht gestört, sondern soll geleitet und unterstützt werden. Das Kind entwickelt sich selbsttätig und strebt nach Loslösung und Selbständigkeit (vgl. Montessori 2005, S.10-12). Montessori prägte den Begriff der „sensiblen Periode", und bezeichnet so die Phasen besonderer, kindlicher Empfindlichkeit für bestimmte Entwicklungsprozesse. Dabei handelt es sich um physische, psychische und geistige Vorgänge. In dieser Zeit fällt es dem Kind leicht, sich in bestimmten Entwicklungsbereichen, ent-

sprechend des von Natur aus mitgegebenen Bauplans, weiter zu entwickeln (vgl. Montessori 2006, S.63). „So wie sein Körper in Intervallen wächst und sich entwickelt, so wächst auch seine Persönlichkeit in Perioden bestimmter Sensibilität." (Montessori 2005, S.10) Die Kinder sind lernfähig und können sich ihren lebensweltlichen Bedingungen und Situationen individuell anpassen. Die sensiblen Phasen bilden das zeitlich begrenzte Fenster für die Ausbildung von Kompetenzen und lenken somit die Anpassungsprozesse (vgl. Kley-Auerwald und Schmutzler 2015, S.23-24). Das Kind verrichtet seine Tätigkeiten zunächst nicht zielgerichtet, sondern nutzt sie zur Bildung seiner Persönlichkeit. Daraus folgert Montessori die Bedeutsamkeit der kindlichen, nicht zielorientierten, häufig wiederholten Aktivitäten, welche nicht ergebnisorientiert sind, sondern ein Mittel zur Persönlichkeitsentwicklung darstellen. Sie distanziert sich von der Möglichkeit, dem Kind Aktivitäten aufzuerlegen, sie stellt die „Freie Wahl" in den Vordergrund. Nur durch Freiwilligkeit und Ungezwungenheit kann die kindliche Entwicklung störungsfrei verlaufen (vgl. Montessori 2005, S.7-30). Montessoris Blick auf das Kind stellt heraus, wie stark sich ihre Pädagogik an den kindlichen Bedürfnissen und deren individuellen Besonderheiten orientiert. Ihre pädagogischen Prinzipien entwickelte sie anhand wahrnehmender Beobachtungen verbunden mit kindzentrierten Lern- und Entwicklungsbedürfnissen (vgl. Schäfer 2010, S. 66-67).

3.2. Die vorbereitete Umgebung

„Die Vorbereitung der Umgebung und die Vorbereitung des Lehrers sind das praktische Fundament unserer Erziehung." (Montessori 2005, S.24) Aufgrund des Montessori-Phänomens entwickelte Montessori die Idee der „vorbereiteten Umgebung". Die auf das Kind abgestimmte Umgebung verfolgt das Ziel, Angebote und Möglichkeiten für das „Freie Spiel" zu schaffen. Die Räumlichkeiten sollen das Kind durch Gestaltung und kindgerechte Ausstattung zu freiwilligen Aktivitäten anregen und auffordern (vgl. Schulz-Benesch 2007, S.35-36). „Wenn eine Umgebung für das Kind ungeeignet ist, so geht die Aktivität des Kindes zwar nicht verloren, aber sie wird in falsche Bahnen geleitet." (Montessori 2005, S.14) Montessori setzt in der Gestaltung der kindlichen Umgebung an kindgerechtem Mobiliar und an den physischen Voraussetzungen der Kinder orientierenden Räumlichkeiten an. Sie fordert kleine Stühle, Tische und Schränke ebenso wie angepasste Toilettengegenstände. Die Einrichtungsgegenstände sollen sich an der kindlichen Körperlichkeit und Mentalität orientieren (vgl. Montessori 2005, S.45). Montessori erkennt im kindlichen Wesen das Bedürfnis nach innerer Ordnung und Struktur, welche es in der Auseinandersetzung mit seiner Umwelt erhalten soll. Die Verinnerlichung und Strukturierung der Umgebung führt dabei zu einer geistigen Ordnung beim Kind. Maria Montessori hebt die Bedeutung der Konzentration besonders hervor, so erkennt sie in der Konzentration des Kindes die Grundlage für sein geistiges Wachsen. Sie stellt die Wichtigkeit der vorbereiteten, auf das Kind angepassten Umgebung dar, welche dem Kind die psychische Entwicklung ermöglicht. Montessori beobachtete das kindliche Verhalten, um die Gestaltung der Umgebung auf die Bedürfnisse des Kindes abzustimmen (vgl. Montessori 2005, S.17-18). „Die Hilfe die wir zu geben vermögen, liegt in der äußeren Welt". (Montessori 2005, S.10) Die äußere Ordnung wirkt sich nicht nur beruhigend und auf die innere kindliche Ordnung, sondern auch auf die vom Kind ausgehende aufmerksame Pflege und den Schutz des eigenen Entwicklungsraums aus. Die Kinder bauen einen liebevollen Bezug zu ihrer Umgebung auf und bewegen sich dort achtsam und eigenaktiv. Die Ordnung eines Kinderhauses soll den inneren Bedürfnissen der Kinder dienen und ihnen Unabhängigkeit vom Erzieher*in (und seinen Launen) bieten (vgl. Hebenstreit 1999, S.74-75). Das Leben und Lernen der Kinder soll in einer entspannten Situation erfolgen. Die Haltung und Einstellung der Erzieher*in ist somit Bestandteil für ein vorbereitetes und entspanntes Entwicklungsmilieu (vgl. Eichelberger 1998, S.30). Das Schaffen und die Gestaltung dieser räumlichen Gegebenheiten richtet sich dabei nach den „sensiblen Perioden" des Kindes. Die sensiblen Perioden beziehen sich auf bestimmte kindliche Empfänglichkeiten und sind abhängig vom umweltbedingten, geeigneten Anregungen. In diesen Phasen gelingt es dem Kind ohne besondere Schwierigkeiten sich in diesem spezifischen Bereich weiter zu entwickeln (vgl. Hedderich 2005, S.28). Schmutzler und Kley-Auerswald sprechen der vorbereiteten Umgebung eine Doppelfunktion zu, einerseits soll die Umgebungsgestaltung den kindlichen Bedürfnissen, andererseits den Voraussetzungen der Kultur und Lebenswelt entsprechen. Die Kinder erhalten somit die Möglichkeiten sich sowohl motorisch als auch sozial zu entwickeln, wie ihre Wahrnehmung zu schulen. Zugleich bieten die Materialien und Anregungen den Kindern das Potenzial, sich lebensweltorientierendes Weltverständnis und allgemeine selbständige Handlungsfähigkeit anzueignen. Die Basis für die Gestaltung der vorbereiteten Umgebung bildet die Beobachtung der kindlichen Aktivitäten (vgl. Kley-Auerswald und Schmutzler 2015, S.35-36). Die vorbereitete Umgebung soll eine kontinuierliche kindliche Entwicklung gewährleisten, die Kinder ansprechen und sie in ihren Neigungen entwicklungsgemäß herausfordern und zugleich klar gegliedert sowie überschaubar sein. (vgl. Eichelberger 1998, S.32)

> „Von Stufe zu Stufe geht das Kind seinen Weg. Wenn es verweilen will, dann verweilt es. Seine Schritte bestimmt es selbst. Wir räumen ihm die Steine aus dem Weg, nur wenn es nötig ist. Gehen muß es allein. Geben wir ihm den Raum, daß es gehen kann, daß es atmen kann. Der Geist braucht diesen Raum, denn jedes Wachsen ist ein geistiges Wachsen." (Elsner 2007, S. 86)

3.2.1. Das Montessorimaterial

Mitte des 20. Jahrhunderts entwickelte Maria Montessori ihre vielfältigen Materialien, basierend auf den Ideen der französischen Ärzte Gaspard Itard und Edouard Seguin. Die Materialien sind klar strukturiert und beinhalten ein jeweils klares didaktisches Ziel (vgl. Schäfer 2010, S.76).

Das didaktische Sinnesmaterial bildet einen wesentlichen Bestandteil der vorbereiteten Umgebung im Kinderhaus. Die Sinnesmaterialien regen das Kind zum Ordnen, Vergleichen, Unterscheiden und Benennen der Sinneseindrücke an. Die Auseinandersetzung mit dem Sinnesmaterial unterliegt einer vorgegebenen Struktur, die dem Kind hilft sich eine innere Ordnung zu schaffen (vgl. Hedderich 2005, S.43-44). Alle Materialien sollen die geistige kindliche Selbstentwicklung unterstützen, die Wahrnehmungsfähigkeiten schulen und Handlungen vervollkommnen. (vgl. Hebestreit 1999, S. 79) Die didaktischen Materialien beinhalten einen anziehenden Aufforderungscharakter. Dieser motiviert und animiert die Kinder, unabhängig von den Erwachsenen, mit ihren Händen und Körpern aktiv zu werden, um sich selbsttätig weiter entwickeln zu können. Eine Voraussetzung für die aktiven kindlichen Auseinandersetzungen mit den Materialien ist, dass die Gegenstände für die Kinder und ihre Tätigkeit geeignet sein müssen (vgl. Montessori 2010, S.126-127). Die selbständige Fehlerkontrolle stellt ein weiteres Prinzip des didaktischen Montessorimaterials dar. Sie verhilft dem Kind zu Unabhängigkeit und Selbständigkeit im Lernprozess. (vgl. Hebenstreit 1999, S.81 und Montessori 2010, S.124-125). Montessori begrenzt ihr Sinnesmaterial in den Kinderhäusern, jedes Material ist nur einmal vorhanden. Dieses pädagogische Prinzip führt die Kinder zur geistigen Ordnung und schont ihre Kräfte (vgl. Montessori S.127, 2010). In der Montessori-Pädagogik ist es bedeutsam, dass die didaktischen Materialien künstlich und abstrakt gestaltet sind. Diese „Abstraktion" soll dazu führen nur eine Wahrnehmungs- und Handlungsdimension herauszuheben, um somit die Aufmerksamkeit und Beobachtung sowie die Handlung des Kindes auf ein bestimmtes Merkmal des Materials zu lenken. Die Gegenstände sind daher schlicht bezüglich der Farbe sowie der äußeren Gestaltung und auf das Hervorheben der jeweiligen Besonderheiten des Materials konzipiert, so dass das Kind seine Konzentration ausschließlich auf die Aufgabe und Sinneswahrnehmung zentrieren kann (vgl. Hebestreit 1999, S.81). Die Isolierung einer einzigen Eigenschaft im Material bewirkt das Hervorheben der isolierten Materialeigenschaft und führt zu Klarheit in Differenzierungsprozessen. (vgl. Montessori 2010, S.123)

Montessori spricht von der kindlichen Tätigkeit, welche hinsichtlich eines Entwicklungsprozesses erfolgt, nicht als Spiel, sondern als „Arbeit". Die Arbeit zielt dabei auf die Bildung der Persönlichkeit des Kindes und seiner inneren Vollendung (vgl. Montessori 2005, S.15).

3.2.2. Der Umgang mit dem Montessorimaterial

Bevor die Kinder selbständig mit den Materialien arbeiten dürfen, führt der Erzieher*in sie in die korrekte Handhabung ein. Dabei ist darauf zu achten, dass die Auseinandersetzung mit den Materialien nach einer vorgegebenen Art vollzogen wird. Die Handhabung der Utensilien unterliegt untrennbar dem Montessorikonzept und ist nicht beliebig verwendbar (vgl. Hedderich 2005, S.50). Zeigt ein Kind sein Interesse an einem Sinnesmaterial, so führt der Erzieher*in es in die Handhabung ein. Der Arbeitsplatz soll ablenkungsfrei gestaltet sein, außer dem gewählten Material sollen keine anderen, störenden Gegenstände vorhanden sein. Der Pädagoge*in führt die Übung möglichst nonverbal durch, um das Kind nicht durch die Sprache abzulenken und geht dabei sehr langsam und deutlich vor. Mit Beendigung der Übung beginnt das Kind mit der Arbeit mit dem Material und findet zur Lösung. Das Kind wiederholt die Übung, bis es zufrieden ist. Abschließend wird das Material wieder ordentlich an seinen Platz zurückgestellt (vgl. Schäfer 2010, S. 79). Die Einführung der Materialien erfolgt in drei Schritten. Zuerst wird die Sinneswahrnehmung mit der passenden Benennung verbunden- „Das ist rot", dann erfolgt in der zweiten Stufe eine an das Kind gerichtete verbale Aufforderung den entsprechenden Gegenstand zu ergreifen, also zu erkennen- „Gib mir das rote Täfelchen". Abschließend geht es in der dritten und letzten Stufe um die Erinnerung an den Gegenstand. Das Kind sieht das Material und wird nach dem kennzeichnenden Merkmal gefragt- „Welche Farbe hat das Täfelchen?" Die Kinder können mit dem Material anschließend autodidaktisch umgehen und die Fehlerkontrolle selbständig durchführen. Grundsätzlich gilt es sich mit den didaktischen Materialien vom Konkreten zum Abstrakten, sowie vom Allgemeinen zum Besonderen vorzuarbeiten. Dabei folgt das Kind bei der Handhabung den inneren Gesetzen des Materials und kann sich kognitiv weiterentwickeln (vgl. Hedderich 2005, S.45).

3.3. Die Freiarbeit

Die Freiarbeit ist ein weiteres elementares didaktisches Merkmal der Montessori-Pädagogik. Freie Arbeit basiert, in der Methode der Maria Montessori, auf den freien Wahlmöglichkeiten bezüglich der kindlichen Aktivitäten. Die Kinder haben die Möglichkeit zu entscheiden mit welchen Materialien sie sich beschäftigen möchten, wie lange sie die Arbeit durchführen wollen und ob sie gemeinsam mit anderen Kindern oder alleine arbeiten mögen (vgl. Schäfer 2010, S.80). „Das Material ist ausgestellt, das Kind braucht nur die Hand auszustrecken und es zu greifen. (...) und es sooft wieder benutzen, wie es Lust hat." (Montessori 2010, S.118)
Bei Montessori befindet sich der „absorbierende Geist"- die geistige Kraft des Kindes, verbunden mit der Möglichkeit Impulse aus der Umwelt aufzunehmen und sich selbst zu bilden, im Mittelpunkt. Die vorbereitete Umgebung bietet den Kindern an, sich spontan und eigenständig sowie selbstgesteuert zu betätigen und ihre Selbständigkeit auszubilden. Das Inte-

resse des Kindes steuert dabei die, durch die Erzieher*in getroffene und an den kindlichen Bedürfnissen orientierte Auswahl des Entwicklungsmaterials sowie das individuelle Lerntempo (vgl. Eichelberger 1998, S.21). Die freie Arbeit stellt eine Grundlage für die individuelle kindliche Entwicklungsfreiheit, die Entfaltung der Persönlichkeit, die seelische und leibliche Gesundheit sowie für Unabhängigkeit dar. Begabungen und Persönlichkeitsmerkmale können sich frei entfalten. (vgl. Kley- Auerswald und Schmutzler 2015, S.17)

3.4. Die Gruppenzusammensetzung

In der altersheterogenen Gruppenzusammensetzung, treffen Kinder unterschiedlicher Altersklassen aufeinander. Die Zusammenkunft verschiedener Entwicklungsstufen der Kinder, erkennt Montessori als eine Grundlage der Selbsterziehung (vgl. Montessori 2006, S.95-96). „Es ist etwas total Unnatürliches, und es ist falsch, Menschen eines Lebensalters zusammen zu bringen." (Montessori 2006, S.97) Kinder unterschiedlicher Altersstufen können von- und miteinander lernen und sich gegenseitig helfen. Die Kinder dosieren ihre Hilfsangebote, sie greifen nicht unnötig ein, sondern helfen einander nur dann, wenn es unbedingt erforderlich ist (vgl. Montessori 2006, S.97-99). Die Hilfestellungen stellen eine Wiederholung bzw. Übung von bereits gelernten Sachverhalten dar und verstärken folglich die Lernerfolge der Helfenden. (vgl. Schäfer 2010, S.82-83)

3.5. Die Rolle und Aufgabe der Erzieher

> „Das ganze unbewußte Streben des Kindes geht dahin, sich durch die Loslösung vom Erwachsenem und durch Selbständigkeit zur freien Persönlichkeit zu entwickeln. Unsere Erziehung trägt diesem Streben des Kindes, in allem Rechnung; und unser Bemühen ist es, dem Kind zu helfen selbständig zu werden." (Montessori 2005, S.11)

Montessori betont in ihren Werken wiederholt die wichtige Aufgabe der Erzieher, die Umwelt den entwicklungsbedürftigen Kindern angepasst zu gestalten, die Augenblicke der Konzentration zu erkennen, diese zu fördern und dafür zu sorgen, dass die Kinder ungestört arbeiten können. Das bewusste Nichteingreifen in die kindlichen Aktivitäten, hilft den Kindern sich zu entwickeln. Die Erzieher*innen sollen eigene Aktivitäten zugunsten der Kinder reduzieren (vgl. Montessori 2006, S.24). „Es handelt sich bei der Haltung des Erwachsenen dem Kind gegenüber um die Begrenzung des Einschreitens." (Montessori 2006, S.24)
Montessori erwartet von den Erziehern eine „Haltung der Liebe". Der liebevolle Bezug zum Kind ermöglicht den Pädagogen*innen das Verstehen der Kinder und bieten den Kindern die Chance ihre wahre Persönlichkeit zeigen zu können (vgl. Montessori 2006, S.25). Die Erwachsenen sollen den Kindern ein Vorbild sein, Freude am Lernen zeigen, sich empathisch und achtsam verhalten. (vgl, Schäfer 2010, S.83)

3.6. Beobachtung und Dokumentation

Die Beobachtung und Dokumentation in der Montessori-Pädagogik bildet die Basis für die Erziehung und Bildung der Kinder. Aufgrund der systematischen, einfühlsamen und wertfreien Beobachtungen sollen die jeweiligen Interessen und Sensibilitäten der Kinder erfasst und dokumentiert werden. Zuerst werden die Kinder bei der Freiarbeit beobachtet. Die Erzieher*in dokumentiert ihre Beobachtungen in einem Beobachtungsbogen. Anschließend werden die Beobachtungen durch weitere ergänzt. Es folgt ein kollegialer Austausch und ein Gespräch mit den Eltern bezüglich ihrer Beobachtungen. Die Interpretation dieser Beobachtungsfülle kann Auskunft über die aktuelle Interessenlage des Kindes geben. Zuletzt werden die Erkenntnisse genutzt, um mit pädagogischen Konsequenzen zu reagieren und die kindlichen Bildungsprozesse zu unterstützen (vgl. Schäfer 2010, S.84-85).

4. Kritik an der Montessori-Didaktik

Einführend ist zu bedenken, dass die Entstehung der Montessori-Pädagogik bereits vor ca. 100 Jahren begonnen hat und in diesem historischen Kontext entstanden ist. Montessoris Gedanken um die kindliche Entwicklung, und ihre Auffassung vom Kind haben sich bis heute reformierend auf die Erziehung und die Perspektive auf das Kind ausgewirkt.

Betrachtet man Montessoris Sicht auf das Kind wird deutlich, dass sie die Entwicklung des Kindes den, von Geburt an, angelegten genetischen Voraussetzungen zugrunde legt. (vgl. Ludwig 1999, S.10) „(...) da das Ziel seines Lebens und seiner Arbeit in seinem Inneren und nicht in der Außenwelt ruht." (Montessori 2005, S,9) Diese Sichtweise verdrängt die Bedeutung der Beeinflussung kindlicher Entwicklungsprozesse durch äußere Bedingungen und unterstreicht die vorgegebene, genetische Abhängigkeit. Die Umwelteinwirkungen sollen dabei, die angeborenen Anlagen unterstützend, auf die freie Entwicklung und die inneren Abläufe einwirken. (vgl. Montessori 2006, S.19)

Die von Montessori geforderte, durch den Erwachsenen gestaltete Umgebung orientiert sich zwar an den Entwicklungsständen und Bedürfnissen der Kinder, begrenzt jedoch zugleich durch die getroffene Auswahl die Wahlmöglichkeiten der Kinder. Die Materialien geben den Umgang und den Lerninhalt fremdbestimmt vor und erlauben keinen Spielraum für die Handhabung (vgl. Ludwig 1999, S.13).

Die vorbereitete Umgebung inklusive des didaktischen Materials dient, unter Einbeziehung von Bewegungen, der Förderung der Sinne und der Kognition und bietet beste Voraussetzungen für die ästhetische Bildung. Dabei findest das Spiel in Montessoris Gedanken jedoch keinen Platz (vgl. Ludwig 1999, S.13). „Die Bedeutung des Spiels, als Schonraum und Rückzugsmöglichkeit zum Ausdruck von Wünschen, Sehnsüchten und Spannungen ist eine fehlende Dimension der Montessori-Pädagogik." (Hedderich 2005, S.47) Montessori spricht in ihren Ausführungen auch nicht von Spiel, sondern von „Arbeit" und beschreibt damit die kindliche Beschäftigung mit intellektuellen Materialien, welche den Forschungsdrang der Kinder befriedigen und zugleich zu Kenntnisgewinn führen soll. (vgl. Montessori 2005, S.19) Die Chancen für die Entfaltung von Kreativität und phantasievollem Spielverhalten treten in den Hintergrund. (vgl. Ludwig 1999, S,13) Kreativität kann jedoch als eine Schlüsselkompetenz der Zukunft gewertet werden. Der technologische, gesellschaftliche und wirtschaftliche Wandel verlangt kreatives Denken und Handeln, um auf zukünftige Gegebenheiten und Veränderungen souverän reagieren zu können (vgl. Braun 2011, S.18). Aufgrund dessen kann an dem Montessori- Konzept und dem damit verbundenen, fehlenden kreativen Spiel kritisiert werden, dass den Kindern die Möglichkeit des freien kreativen Tuns verborgen bleibt. Somit werden die Kinder nicht gefördert und unterstützt eigene Lösungsstrategien und Problembewältigungswege zu entwickeln. Kreativität, als eine wesentliche zukünftige Schlüsselqualifikation kann nicht entfaltet und gelebt werden.

Montessoris Prinzip des begrenzten Materialangebots kann soziale Kompetenzen fördern, da sich die Kinder ggf. absprechen und in Geduld üben müssen, um die gewählte Übung durchführen zu können. Das soziale Miteinander ist jedoch auf die Phasen zwischen den Beschäftigungen mit den Materialien begrenzt. Die alleinige Beschäftigung mit den Montessori-Übungen führt folglich zu reduzierter Kommunikation und Interaktion. Ziel der kindlichen Tätigkeiten in der Montessori-Pädagogik ist die polarisierte Aufmerksamkeit, welche zeitweise zu völliger Isolation von der Außenwelt führt. (vgl. Montessori 2006, S.17-18) Diese Fokussierung der Aufmerksamkeit auf die jeweilige aktuelle Beschäftigung kann im Rahmen von zunehmendem Konsumverhalten, verbunden mit alltäglicher Reizüberflutung und mangelnden Gelegenheiten der Besinnung und Ruhe ein Gewinn darstellen. „Mehrere Dinge gleichzeitig zu tun (das sogenannte Multitasking) ist ineffizient". (Miklitz 2015, S.34) Die vertiefte Konzentration auf das wesentliche, das ablenkungsfreie Tun bewirkt sicherlich einen positiven Effekt hinsichtlich jeglicher Bildungs- und Lernprozesse und psychischer Gesundheit.

Die heterogene Gruppenzusammensetzung bietet den Kindern den Vorteil von- und miteinander zu lernen, sich unter ihresgleichen, auf Augenhöhe bei Schwierigkeiten zu helfen und zu unterstützen. Die uneinheitliche Alterskonstellation ermöglicht es den Kindern, unabhängiger von den Erwachsenen zu agieren.

Die Erziehung der Kinder sollte auf die Entwicklung zu Unabhängigkeit, Selbständigkeit und allgemeiner Lebenskompetenz zielen. Die Haltung und Rolle der Erzieher*in im Rahmen der Montessori-Didaktik trägt zu diesen erwünschten Entwicklungszielen maßgeblich bei. Durch bewusstes Nichteingreifen in die kindlichen Aktivitäten und dem gezielten Gewährenlassen werden den Kindern Erfahrungen, Wahrnehmungen und auch der Umgang mit Misserfolgen ermöglicht. Diese Erlebnisse fördern die Selbstbildung, das Selbstbewusstsein und die Ausbildung der Persönlichkeit. Der Erwachsene akzeptiert in seiner passiven, zulassenden Haltung das kindliche Bedürfnis nach Selbstbestimmtheit und Wissensdrang.

5. Fazit

Maria Montessori bewirkte mit ihrer beobachtenden Sicht auf das Kind und ihren weiterführenden didaktischen sowie methodischen Ansätzen eine reformierende Entwicklung der pädagogischen Arbeitsweise. Aufgrund ihrer pädagogischen Erkenntnisse entwickelte sie ein kindzentriertes pädagogisches Konzept. Ihre Gedanken beeinflussen bis heute die Erziehung der Kinder. Sie legte den Schwerpunkt auf die kindliche Perspektive und suchte den Nutzen der Pädagogik für das Kind und nicht für den Erwachsenen. Die Arbeit hat gezeigt, dass Montessoris Reformpädagogik die Rolle des Kindes in der Gesellschaft, sowie das Verständnis für seine Entwicklung langfristig verändern konnte. Ihre Erkenntnisse ermöglichen dem Kind eine selbstzentrierte Entwicklung. Unsere Gesellschaft unterliegt einer wachsenden Dynamik hinsichtlich individueller Erwartungen bezüglich kognitiver, sozialer und emotionaler Entwicklungsstände. Zunehmende Globalisierung und Migrationsumstände sowie fortschreitende Technisierung und Medialisierung verlangen nach einer sensitiven, interkulturellen sich ständig verändernder Sozialisierung und Erziehung. Die Pädagogik der Maria Montessori entwickelte sich in einer Zeit bevor die Globalisierung einsetzte, so dass ihre Ansätze für die aktuellen Entwicklungs- Bildungs- und Lernziele überprüft und an den gegenwärtigen, erforderlichen Kompetenzen angepasst und ergänzt werden sollte.

Literaturverzeichnis

Braun, Daniela (2011): Kreativität in Theorie und Praxis. Bildungsförderung in Kita und Kindergarten. Freiburg im Breisgau: Verlag Herder.

Coriand, Rotraud (2015): Allgemeine Didaktik. Ein erziehungstheoretischer Umriss. Stuttgart: W. Kohlhammer GmbH.

Eichelberger, Harald (1998): Handbuch zur Montessori-Didaktik. 2. Auflage, Innsbruck: Studien Verlag.

Elsner, Hans (2007): Die Montessori-Pädagogik in der Schule von heute, in: Achim Hellmich und Peter Teigeler (Hrsg.), Montessori-, Freinet-, Waldorfpädagogik. Konzeption und aktuelle Praxis. 5. Auflage, Weinheim und Basel: Beltz Verlag, S.87.

Hebestreit, Sigurd (1999): Maria Montessori. Eine Einführung in ihr Leben und Werk. Freiburg im Breisgau: Verlag Herder GmbH.

Hedderich, Ingeborg (2005): Einführung in die Montessori-Pädagogik. 2. Auflage, München: Ernst Reinardt Verlag.

Kley-Auerwald, Maria/ Schmutzler, Hans-Joachim (2015): Montessori. Pädagogische Ansätze für die Kita. Berlin: Cornelsen Schulverlage GmbH.

Ludwig, Harald (1999): Montessori-Pädagogik in der Diskussion- ein Überblick, in: Harald Ludwig (Hrsg.), Montessori-Pädagogik in der Diskussion. Aktuelle Forschungen und internationale Entwicklung. Freiburg im Breisgau: Verlag Herder. S.9-20.

Miklitz Ingrid (2015): Der Waldkindergarten. Dimensionen eines pädagogischen Ansatzes. 5. Auflage, Berlin: Cornelsen Schulverlage GmbH.

MKFJS (Hrsg.) (2016): Kindertagesbetreuung und Frühe Bildung. URL: https://www.mfkjks.nrw/kindertagsbetreuung-und-fruehe-bildung (zuletzt eingesehen am 23.09.2016, MEZ 07.30 Uhr)

Montessori, Maria (2005): Grundlagen meiner Pädagogik. 9. Auflage, Wiebelsheim: Quelle & Meyer Verlag.

Montessori, Maria (2006): in: Paul Oswald/Günter Schulz-Bensch (Hrsg.), Grundgedanken der Montessori-Pädagogik. Aus Maria Montessoris Schrifttum und Wirkkreis, 20. Auflage, Freiburg: Herder Verlag.

Montessori, Maria (2010): in Harald Ludwig (Hrsg.) Die Entdeckung des Kindes. Freiburg im Breisgau: Verlag Herder.

Sander, Karl-Heinz (1992): Didaktik und Unterricht, in: Dieter Hoof (Hrsg.), Didaktisches Denken und Handeln. Eine Einführung in die Theorie des Unterrichts, Braunschweiger Arbeiten zur Schulpädagogik, Bd.1, 3. Erweiterte Auflage, Braunschweig: Technische Universität Braunschweig S. 1-27.

Schäfer, Claudia (2010): Die Montessorimethode und Didaktik im Kinderhaus, in: Dagmar Kasüschke (Hrsg.), Didaktik in der Pädagogik der frühen Kindheit, Grundlagen der Frühpädagogik-Bd. 3, Kronach: Carl Link Verlag. S.64-89.

Schulz-Bensch, Günter (2007): Maria Montessori, in: Achim Hellmich und Peter Teigeler (Hrsg.), Montessori-, Freinet-, Waldorfpädagogik. Konzeption und aktuelle Praxis. 5. Auflage, Weinheim und Basel: Beltz Verlag, S.33-37.

Terhart, Ewald (2011): Didaktik. Eine Einführung. Stuttgart: Philipp Reclam jun. GmbH & Co.

BEI GRIN MACHT SICH IHR WISSEN BEZAHLT

- Wir veröffentlichen Ihre Hausarbeit,
  Bachelor- und Masterarbeit

- Ihr eigenes eBook und Buch -
  weltweit in allen wichtigen Shops

- Verdienen Sie an jedem Verkauf

Jetzt bei www.GRIN.com hochladen
und kostenlos publizieren

9 783668 449121